Die bibliophilen Taschenbücher

**Jürgen Ritter und Ulrich Schacht
Von Spitzbergen nach Franz-Josef-Land**

Grabkreuz des Maschinisten Otto Krisch auf der Wilczek-Insel des von der österreichisch-ungarischen Nordpol-Expedition am 30. August 1873 entdeckten Franz-Josef-Landes.

Jürgen Ritter und Ulrich Schacht

**Von Spitzbergen nach Franz-Josef-Land
Am kalten Rand der Erde**

Harenberg Edition

Von Spitzbergen nach Franz-Josef-Land

Die nachfolgenden Abbildungen entstanden auf drei Reisen ins Nordmeer in den Jahren 1989, 1991 und 1992, jeweils im August.

Spitzbergen Gletscherflächen des Wedel-Jarlsberg-Landes im Süden Spitzbergens, aus mehreren tausend Metern Höhe gesehen **8/9** Longyearbyen, der norwegische Hauptort Spitzbergens am Adventfjord des Nordenskjöld-Landes **10/11** Blick vom Longyeargletscher ins Longyeartal, in dem Longyearbyen liegt **12/13** Auf dem Longyeargletscher **14/15** Verrottende Herrschaftssymbole der alten Sowjetunion am Steilufer von Grumantbyen im Eisfjord **16/17** Im Vorlandsund zwischen Prinz-Karls-Vorland und Oscar-II.-Land nordwestlich des Eisfjords **18/19** Gletscher im Nordwesten Spitzbergens **20/21** Gletscherkante im selben Gebiet **22/23** Im Kongsfjord **24/25** Blick vom Hafenrand von Ny-Alesund, der nördlichsten Stadt der Welt, auf den Kongsfjord **26/27** Die M. S. «Svalbard» im Magdalenenfjord nördlich des 79. Breitengrades an der Küste des Albert-I.-Landes **28/29** Blick von der Graveodde im Magdalenenfjord (Halbinsel mit Gräbern von Walfangfahrern des 17. Jahrhunderts) auf den Gullygletscher **30/31** Im Magdalenenfjord **32/33** Reste eines Walskeletts am Strand der Amsterdam-Insel im äußersten Nordwesten Spitzbergens; hier befand sich im 17. Jahrhundert der

Walfängerort Smeerenburg, an dem sich in den Sommermonaten bis zu 10 000 Menschen und 600 Walfängerschiffe aufgehalten haben sollen **34/35** Reste der Station Virgohafen des schwedischen Polarforschers und Ballonfliegers Salomon Andrée auf der Dänen-Insel gegenüber der Amsterdam-Insel; von hier aus startete Andrée 1897 mit dem Ballon in Richtung Nordpol, um wenig später im äußersten Nordosten des Spitzbergenarchipels, in der Nähe der Insel Kvitöya, abzustürzen. Andrée und seine zwei Begleiter blieben lange verschollen. Erst 1930 fand eine Expedition ihre gefrorenen Leichen: Die Männer, die sich auf die fast völlig vergletscherte Insel hatten retten können, starben dort offenkundig an trichinenverseuchtem Bärenfleisch **36/37** Fugelsangen, eine der Nordwestinseln nahe des 80. Breitengrades **38/39** Blick von Bölscheöya (einem Eiland des Tausend-Inseln-Gebietes im südöstlichen Teil Spitzbergens) auf das Steilufer der südlichen Landspitze von Edgeöya **40/41** Gelbe Krustenflechte auf Bölscheöya **42** Moospolster mit Blütenständen des Leimkrauts auf Bölscheöya **43** Blick vom Gebiet der «Tausend Inseln» auf die Südostküste Edgeöyas **44/45**

Franz-Josef-Land Treibholz aus Sibirien am vereisten Strand der Insel Bell im Südwesten des Franz-Josef-Landes **46** Rote Krustenflechte auf einem vom Frost zerschnittenen Stein auf Bell **47** Blick von Bell nach Northbrook **48/49** Das Kap Flora der Insel Northbrook; hier finden sich Reste der Station, in der die Polarforscher Jackson und Nansen mit ihren Begleitern überwinterten **50/51**   Blick von Kap Flora auf Northbrook nach Bell; zwischen 1894 und 1897 arbeitete hier der britische Polarforscher F. G. Jackson **52/53**   Glockenheide (oben) und Polarmohn auf Northbrook, kurz unterhalb 80 Grad nördlicher Breite **54**   Moosfelder auf Northbrook **55**   Vereistes Kap im Westen Northbrooks, nahe der Günther-Bucht **56/57**   Moosfelder im Schmelzwassertal zwischen der Günther-Bucht und dem Kap Gertrude auf Northbrook **58/59**   Graskugel im selben Gebiet **60/61**   Erodierte Basaltsäulen unterhalb von Kap Gertrude **62/63**   Blick von den Basalthöhen des Kaps Gertrude über das Schmelzwasserdelta im Südwesten von Northbrook **64/65**   An der Südküste von Northbrook **66/67**   Blick vom Vogelfelsen «Rubini-Rock» über die «Stille Bucht» der Insel Hooker auf das Gebiet der gleichnamigen ältesten Polarstation des Archipels; Hooker liegt nördlich des 80. Breitengrades zwischen Britischem Kanal und Allen-Young-Sund **68/69**   «Rubini-Rock» in der «Stillen Bucht» **70/71**   Basaltsäulen am Fuße des «Rubini-Rock» **72/73**   Die nordwestliche Front des Vogelfelsens mit den Brutkolonien **74**   Alkvögel auf Hooker **75**   Gletscherbruchstück in der «Stillen Bucht» **76/77**   Die «Stille Bucht» **78/79**   Das russische Forschungsschiff «Professor Molchanow» in der «Stillen Bucht» **80/81**   Überreste der alten Polarstation «Stille Bucht», die 1957 aufgegeben wurde und seit 1990 wieder reaktiviert wird **82/83**   Bootswrack am Ufer der Station **84/85**   Gebäude der alten Station **86/87**   Hauptgebäude der reaktivierten Station; über dem Haus weht die russische Trikolore **88**   Im Vorraum des Haupt-

gebäudes **89**   Polarbär im Stationsgelände **90/91**
Walrösser auf dem Treibeis des Archipels **92/93**
Die Insel Brady im Aberdare-Kanal zwischen Hooker
und McClintock, nördlich des 80. Breitengrades **94/95**
Das Eiland Mathilde vor der Alger-Insel im nördlichen
Teil des Aberdare-Kanals **96/97**   Das Westkap von
Alger **98/99**   Küstenstück der Insel Brady **100/101**
Sibirisches Treibholz am Strand von Kap Wittenburg auf
der flachen Insel Leigh-Smith, gegenüber von Hooker im
Allen-Young-Sund **102/103**   Rotalgen im Schmelz-
wasser auf Leigh-Smith **104**   Frostschnitte im Geröll
derselben Insel **105**   Gletscherabbruch im Südwesten
McClintocks, östlich des Aberdare-Kanals **106/107**   Die
russische Polarforschungsstation «Krenkel» auf der Insel
Hayes, nördlich der Insel Hall im Austria-Sund (auf der
Mitte zwischen 80. und 81. Breitengrad) **108/109**
In einer Gletscherbucht auf Hayes **110/111**   Strand
aus Basaltkiesel auf der Insel Wilczek **115**   Eines der
vielen niedrigen Kaps der Wilczek-Insel östlich des
80. Breitengrades **112/113**   Die Südküste der Insel **114**
Frostmuster auf dem Plateau der Wilczek-Insel **116**
Brutfelsen für Raubmöwen auf Wilczek **117**   Blick zum
Westkap von Wilczek **118/119**   Kap Grant im Süden
der Insel Prinz-Georg-Land **120/121**   Küstenprofil in
der Gray-Bucht des Prinz-Georg-Landes, nördlich des
80. Breitengrades **122/123**   Stark vergletscherte Basaltplateaus in der Gray-Bucht **124/125**   Blick auf die
Inseln Bell und Northbrook, die südwestlichen «Schluß-
steine» des Archipels **126/127**

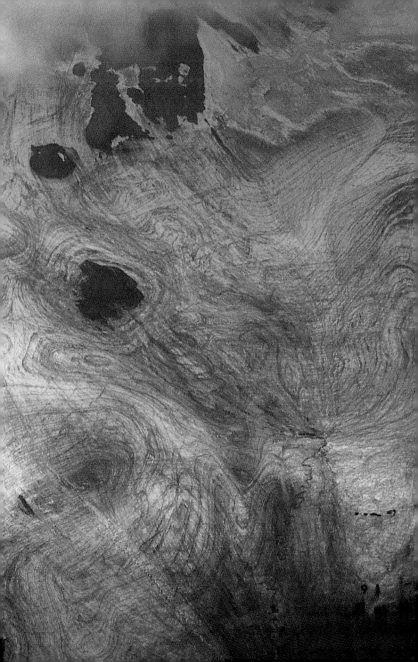

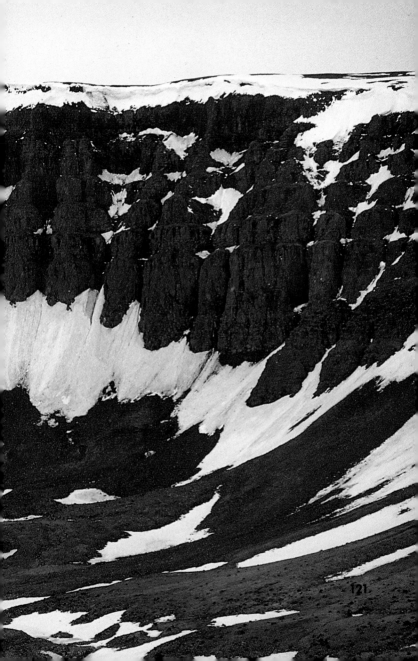

124

Spitzbergen
Am kalten Rand der Erde

> «Vielleicht gibt es kein verläßlicheres
> Vorbild für unergründliche Schönheit
> als die aus großen Bitternissen
> aufgetauchten Gestaltungen.»
> Roger Caillois

Reisen wie diese beginnen nie an dem Tag, an dem sie beginnen, und sie enden auch nicht mit der Heimkehr. Was sie antreibt, lebenslang sozusagen, könnte, um ein Bild zu gebrauchen, Augen-Durst genannt werden. Magie ist im Spiel; die bannende Kraft des Un-Bewußten; Sinnlichkeit aus schierem Sein heraus. Ur-Sprung. Und nicht zufällig steht am Beginn jener Lust, die solch einer Anziehungskraft gehorcht, oft der Klang eines Wortes, das Bild eines Namens.

Klang-Bild: Svalbard.

Wo orten wir diesen Ton und seine Bedeutungs-Kontur, die uns, wenn wir nachschlagen im Alt-nordischen, kühl ein Land kalter Küsten verheißt oder – noch prosaischer – lediglich auf einen «kalten Rand» am Ende der Welt verweist?

Wort und Bedeutung haben eine Geschichte, die am Ausgang des 12. Jahrhunderts beginnt, dann aber – mit dem historischen Versinken derer, die

es aussprachen und verstanden – ins Vergessen geriet. Bis der Ort, dem der Name galt, Jahrhunderte später neu entdeckt wurde. Von Willem Barents, einem holländischen Seefahrer auf der Suche nach der Nordostpassage. Er benannte das, was er am 17. Juni 1596 urplötzlich aus den eisigen Fluten des Polarmeeres vor sich aufragen sah – gewaltige Felszacken, die schwarzviolett grauweiße Wolkenbänder durchstießen –, entsprechend genau: Spitzbergen.

Am 16. August 1989 flogen mein Freund, der Fotograf Jürgen Ritter, und ich um 9 Uhr 50 mit einer Linienmaschine der SAS das erste Mal von Oslo über Tromsö nach Longyearbyen, dem Hauptort des zu Norwegen gehörenden Svalbard-Archipels: im Gepäck wind- und wetterfeste Kleidung, Überlebensnahrung, Stärkungspräparate, Medikamente, ein Zelt, Schlafsäcke, Bücher, Landkarten, Fotoausrüstung und – ja, eine Taschenlampe.

Eine Taschenlampe?

Ich gebe zu, daß wir erst am Ende des ersten Tages auf Svalbard, am Schluß einer überwältigenden, nicht enden wollenden Ankunft, über diesen unfreiwilligen Witz gelacht haben: Zwischen Mitternacht und neuem Morgen, als wir aus dem Fenster unseres Quartiers blickten und endlich begriffen, wo wir waren: nördlich des 76. Breitengrades, eine gute Flugstunde vom Pol entfernt, im Reich der Mitternachtssonne.

Gelesen hatten wir es wohl – ob in Andreas Umbreits nüchternem, dabei aber höchst instruktivem Reise-Handbuch «Spitzbergen» oder in Alfred Anderschs poetisch präzisem Svalbard-Diarium «Hohe Breitengrade».

Aber das Un-Glaubliche mußte wohl auch von uns erst gesehen werden, mit eigenen Augen, um wirklich zu sein.

Die Nacht als Synonym für Dunkelheit war von nun an etwas Fernes, Zurück-Gelassenes; und unsere inneren Uhren kamen aus dem Takt. Den Takt bestimmten unsere Augen und das, was sie sahen – rund um die Uhr. Natürlich macht der Körper irgendwann nicht mehr mit, denn natürlich wird das Rund-um-die-Uhr-Sehen-Wollen nicht nur vom Augen-Durst wachgehalten, sondern ebenso vom Wissen um die begrenzte Zeit, die zur Verfügung steht.

Sieben Tage sind viel Zeit, wenn man erstmals einen Traum erreicht, und aus demselben Grund unendlich wenig.

Beim Anflug auf Svalbard kommt gegen 14 Uhr die Südwestküste des 63 000 Quadratkilometer großen Archipels in Sicht: Eine ostwärts sich ausbreitende, glasklare Endlosigkeit gibt den Blick frei auf ganze Gletscherserien, zwischen denen sich grauviolette Gesteinsmassen auftürmen. Messerscharfe Konturen, Schutthalden, Eis und davor stahlblaues Wasser, in dem blendendweiße Partikel treiben.

Die Gletscher selber – kilometerbreite Eisströme des südwestlichen Sörkapp- und Wedel-Jarlsberg-Landes – sind von zahlreichen graubraunen Rissen gezeichnet: riesige Schnittmusterbögen der Natur, aus denen sich doch kein Lebens-Gewand schneidern läßt.

Ernst Jünger hat 1964 angesichts dieser Küsten, denen er sich allerdings aus der Schiffsperspektive näherte, einen Gedanken notiert: «Hier ist auch verloren, wer nach dem Schiffbruch im eisigen Wasser noch das Ufer gewinnt.» Später hält er den Gegen-Satz fest: «Die Arktis. Wunderbar erscheint nicht nur, daß Leben Widerstand leistet, sondern daß es eigene Reiche ausbildet.» Schließlich die Synthese: «Dazu die Stille, die zuweilen der Schrei eines Vogels betonte – der Geist geht in sich, es wird feierlich.»

Zwischen Jüngers Blick auf das Land unter uns und dem Tag, an dem wir es betreten, liegt ein Vierteljahrhundert. Damals mußte man per Schiff in diese Stille. Heute braucht man von Tromsö nach Longyearbyen, knapp 1000 Kilometer mißt die Strecke, ganze 90 Minuten Flugzeit. Dann leuchtet der Maschine am Anfang des Adventfjords eine 2200 Meter lange moderne Landepiste entgegen, daneben ein Tower, Abfertigungsgebäude, Autos, Busse, Menschengewimmel.

Nein, die Zeit ist nicht stehengeblieben. Sie schreitet, was die Infrastruktur des norwegischen Hauptortes (ein Industriezentrum und -museum zugleich) betrifft, mit Riesenschritten voran. Der mehrsprachige Farbprospekt «Svalbard» der norwegischen Luftfahrtgesellschaft «Braathens Safe» notiert unter der Zwischenüberschrift «Dienstleistungen in Longyearbyen» augenzwinkernd-lässig: «Bank, Post, Geschäfte, Reisebüro, Museum, Kirche, Grund-, Jugend- und weiterführende Schule, Schwimmbad, Bibliothek, Kino, Geldautomat, Cafés, Restaurant, Frisör, Camping, Mietwagen, Schneescooterverleih, eigene Zeitung, Taxi, Krankenhaus, Zahnarzt und Bäckerei. Sonst noch was...?» Die findigen Norweger im etwas über tausend Einwohner zählenden Hauptort haben aus leerstehenden Wohnheimen der «Großen Norwegischen Kohlen-Kompagnie» (von sieben Gruben im Gebiet Longyearbyen arbeiten nur noch zwei) einen florierenden Hotelbetrieb gemacht: schlicht, sauber und teuer.

Hier wird für sieben Tage unser Hauptquartier auf Svalbard sein. Von hier aus gehen wir nur mit den nötigsten Ausrüstungsteilen belastet ins Gelände oder auf See. Von hier aus fahren wir mit dem Leihwagen schweres Gepäck zum Hafen, neue Freunde auf den Campingplatz oder in das rund um die Uhr geöffnete «Kafe Busen» (Café Kumpel) im Zentrum des Ortes – dank der großzügigen Subventionspolitik der Kohlen-Kompagnie ein Schlaraffenland für Arbeiter und Gäste: gutes Essen zu Niedrigstpreisen und soviel man will, dazu alkoholfreie Getränke gratis.

Und wenn es ein Kommunikationszentrum auf Svalbard gibt, dann ist es dieses «Kafe Busen», wo man in vielen Sprachen Europas nur von einer einzigen Sache schwärmt: vom «Land der kalten Küsten», das neben einer einmalig schönen Natur-Geschichte eine ebenso einmalige politische zu bieten hat.

Bis 1920 war Svalbard Niemandsland und Anspruchsobjekt vieler europäischer Mächte. Da tummelten sich besonders im 17. Jahrhundert Dänen, Schweden, Deutsche, Briten, Russen, Italiener, Amerikaner und Niederländer. Es ging um vermutete Schätze und erreichbare. Gold und Silber fanden sich nicht im Gestein, aber Kohle. Dafür um so mehr «Gold» in den tiefen und kalten Meeren um Svalbard: Wale, Robben, Walrösser, Fisch; und an Land gab es Eisbären und Polarfüchse.

Nach knapp zehn Jahrzehnten herrschte wieder Ruhe, das Meer war von Walen, Robben und Walrössern entleert. Bordelle, Kirchen, Bäckereien, Zelte und Hütten stürzten ein, lösten sich auf – arktisch langsam und doch unübersehbar. Die Stille kehrte zurück. Nur hin und wieder noch brachen Wissenschaftler und Forscher ins todesruhige Refugium ein. Darunter Salomon Andrée, ein schwedischer Polarforscher, der mit Hilfe eines Gasballons den Pol überfliegen und von der Dänen-Insel, kurz vor dem 80. Breitengrad, aufsteigen wollte.

Am 11. Juli 1887 startete Andrée mit zwei Begleitern, unter sich ließ er ein kleines Fabrikgelände zurück und eine Landschaft, die Fridtjof Nansen zu der Bemerkung veranlaßte: «Einen trübseligeren Ort hatte man im ganzen Land nicht finden können.»

Diesen Ort erreichen wir am 19. August gegen 17 Uhr 30. Wir sind seit dem Vortag – zusammen mit 13 weiteren Passagieren: Deutsche, Franzosen, Norweger, Italiener, Holländer und eine Afrikanerin – an Bord der MS «Svalbard». Ein 400 PS starkes Passagierschiff, das eine Wochenendtour von Longyearbyen bis zum 80. Breitengrad anbietet: sozusagen die Paradestrecke Svalbards, landschaftliche Kleinodien an der Westküste vom Eisfjord Richtung Norden – Buchten, Fjorde, Bergketten, Eiswände und zahllose Eilande zwischen dem Prinz-Karls-Vorland und den Nordwest-Inseln, vorbei an den sieben Gletschern des Albert-I.-Lands.

Ein erstes Ausbooten gibt es im Magdalenenfjord zur berühmten Gräberhalbinsel: ein monumentaler Totenhügel, übersät mit sandfarbenem Geröll, auf dem nachtschwarze Flechten wuchern. Am Ende des Fjords: das türkisene Blau in der höhlendurchzogenen Bruchkante des Gletschers.

So nah waren wir solchem Schauspiel bisher noch nie. Möwen tummeln sich auf schwimmenden Eisbergen; und wieder taucht ein schwarzer Robbenkopf aus dem spiegelglatten Wasser, in dem die unwirklich stille Landschaft sich verdoppelt. Ein gelbgrüner Moosteppich am Rande der Gräber-Odde verwandelt das wüste Gelände vollends in einen Ort aufbrechenden Lichts, und dennoch liegt ein Verharren über allem: «Das Licht», sagt der Philosoph Schelling, «beschreibt alle Dimensionen des Raumes, ohne daß man sagen könnte, daß es ihn wirklich erfülle . . .»

Alfred Andersch hat die Dänen-Insel, die wir Stunden danach betreten, im Unterschied zu Nansen nicht nur als schön, sondern als «etwas ganz Besonderes» erblickt. Sie war für ihn «so vollendet wie ein Wellenzug».

Als wir diese grauschwarze, steinerne Welle in Richtung Norden verlassen, habe ich ein paar Steine in der Tasche und einen eisenbraunen Drehspan, dessen Ringe zusammengerostet sind: Der Ballonfahrer Andrée hat eine Menge Metall und Holz zurückgelassen, das nun seit über 100 Jahren mit dem Grund, auf dem es liegt, zusammenwächst.

Gegen 21 Uhr haben wir den 80. Breitengrad erreicht. Der Kapitän läßt die Schiffssirene aufheulen; die »Svalbard» dreht sich – nun hat sie im Rücken einen Himmel voll flüssigem Gold, das lautlos ins Meer rinnt, sich ausbreitet wie die Schmelze eines Stahlofens – ihr Licht reicht bis zu den letzten Inseln der Nordwest-Gruppe, den dunklen Schlußsteinen in dieser Ecke des Svalbard-Archipels.

Zweieinhalb Stunden später, es ist gleich Mitternacht, sind wir wacher denn je: Knallrote Schwimmwesten um den Leib, steigen wir in den Zodiac, ein Gummischnellboot mit Außenborder, und jagen anschließend der Amsterdam-Insel entgegen: einem flachen, lagunenartigen Felsteller mit Berg, auf dem das heute nur noch sagenhafte Sünden-Babel Svalbards, die Trankocher-Zeltstadt Smeerenburg (was soviel wie «Speckstadt» heißt), für ein Jahrhundert des Wal-Mordens und Feierns errichtet worden war.

Der geröllreiche Strand ist mit Schwemmholz übersät, darunter riesige Stämme von den sibirischen Flüssen. Ein paar schlackenschwarze Tranofenreste ragen aus dem Sand, angegrünte Walwirbel sowie zeitgenössisches Strandgut aller Herren Länder.

Am 21. August sind wir wieder in Longyearbyen. Ob wir geschlafen haben, wissen wir nicht mehr so genau. Aber was wir sahen, geistert durch unsere Köpfe: Krossfjord und Lilliehöökfjord – beide voller Eisberge nach mächtigen Gletscherabbrüchen in der vorangegangenen Nacht –, der Königsfjord, an dessen Südwestufer Ny-Alesund, die nördlichste Stadt der Welt, liegt. 50 Einwohner leben in diesen Tagen noch hier, in der Polarnacht harren nur 15 aus.

Wenn der Tod sich mit schönen Masken tarnt, dann hat er hier eine Meisterleistung im Verkleiden vollbracht: Ny-Alesund ist als Stadt nur Kulisse, «das perfekte Tote, das der planende Geist hinterläßt», lese ich in Jüngers Spitzbergen-Tagebuch. Und doch: Es gibt ein funktionierendes Postamt und eine Galerie, die phantastische Fotos der Schwedin Eva Marie Widmark sowie Aquarelle von Ilse Storrund zeigt.

Eines kaufe ich, und als ich mit dem Bild unterm Arm in Richtung Postamt gehe, ruft mir plötzlich eine Frau hinterher: «Sind Sie es, der mein Bild gekauft hat?»

Ehe ich antworten kann, steht Ilse Storrund vor mir. Sie spricht perfekt Deutsch mit leicht dänischem Akzent, und dann kommt es heraus: Die Malerin hat einen Vater, der aus Dresden stammt, eine dänische Mutter und ist seit 40 Jahren mit einem Norweger verheiratet. Zum sechsten Male arbeitet sie für einige Wochen hier oben.

Schlagartig sind mit dieser Frau und ihrem fröhlichen Gesicht alle finsteren Visionen und tristen Momente des Ortes verschwunden: «Hier ist man konfrontiert mit der wirklich großen Natur, und deshalb komme ich immer wieder.» Als die «Svalbard» ablegt, winkt Ilse Storrund uns noch lange hinterher.

Am vorletzten Tag entschließen wir uns zu einem Wagnis: Wir wollen mit einem seetüchtigen Zodiac einige sonst unerreichbare Orte – zwei aufgegebene russische Siedlungen am Südufer des Eisfjords sowie Barentsburg, das sowjetische Zentrum auf Svalbard – doch noch zu Gesicht bekommen.

Bis vor wenigen Jahren waren Barentsburg im Grönfjord und Pyramiden im nördlich von Longyearbyen gelegenen Billefjord für Touristen gesperrt. Als eine Signatarmacht des Spitzbergenvertrages von 1920 fördert die Sowjetunion und in ihrer Nachfolge Rußland seitdem in mehreren Siedlungen Svalbards Tertiär-, also erdgeschichtlich recht junge Steinkohle. Die Russen haben im Rahmen des Vertrags Hausrecht in ihren Siedlungen. Andersch berichtet, daß ihm 1969 ein Landgang in Barentsburg nicht möglich war.

In der Nacht vom 21. zum 22. August fahren wir bei diesigem Wetter von Longyearbyen ab. Im Boot verstaut das Zelt, Medikamente, Schlafsäcke, Lebensmittel, ein Karabiner mit Munition (wegen der Gefahr streunender Eisbären) und Ersatzteile für das Boot. Wir sind eingehüllt in grellrote Überlebensanzüge, jeder hat einen Feldstecher zur Hand; in die Karten haben wir uns von einem kundigen Bootsfahrer Untiefen und Strömungsverhältnisse eintragen lassen. Vor einer knapp 600 Meter hohen Wand, dem Vogelfelsen westlich von Longyearbyen, müßten wir höllisch aufpassen, hat man uns gesagt, und sollten sie in großem Abstand passieren.

Regen schlägt uns ins Gesicht. Das Boot ist offen. Nur das Gepäck ist mit einer Plane abgedeckt. Aber wir wollen die 60 Meilen schaffen, die von den Russen aufgegebenen Siedlungen Grumantbyen und Colesbukta sehen, schließlich

Barentsburg oder «Die Sowjetunion in Norwegen» besuchen.

Um 2.30 Uhr haben wir das erste Ziel erreicht: Grumantbyen. Vollkommener Verfall beherrscht das Gelände. Ein Geisterort, in dem als einzige Lebewesen ein Polarfuchs und ein Ren herumstreunen. Zusammenbrechende Häuser, verwaschene Farben, zerfallene Produktionsanlagen. Um die gespenstische Szenerie zu vollenden, haben Stürme ein rostiges Monument vom Appellplatz auf den schmalen, steilen Geröllstrand stürzen lassen: ein meterhohes Hammer-und-Sichel-Symbol aus rostenden Stahlrohren, das sinnlos-verloren gegen Himmel und See steht, Untergang und Zusammenbruch markierend. Wir halten uns in Grumantbyen nicht lange auf.

Gegen 3.30 Uhr sind wir wieder auf See; eine Dreiviertelstunde später laufen wir in die totenstille, riesige Kohlenbucht ein. Hier gibt es einen Schiffsanleger, einen Kranturm, Kais und etliche Häuser. Als wir näher heranfahren, sehen wir auch hier: Verfall, bizarr Verbogenes, Zusammenbruch, Tod.

In der Nähe des völlig morschen Anlegers erhebt sich urplötzlich ein riesiger Schwarm Seeschwalben, ohrenbetäubendes Geschrei erfüllt die Bucht – wir machen einen großen Bogen um den seltsamen Aufenthaltsort und gehen an anderer Stelle an Land.

Als wir um fünf Uhr abfahren, ahnen wir nicht, daß es noch drei Stunden Fahrtzeit bis Barentsburg sind. Wir haben die Strecke – sowohl auf der Karte als auch mit dem Auge – völlig unterschätzt. Der Regen hat zwar aufgehört; es ist klar geworden; viele Gletscher vom nördlichen Ufer des Eisfjordes leuchten zu uns herüber, doch allmählich frißt sich die Kälte des arktischen Spätsommermorgens auch durch die Überlebensanzüge. Wind und Wellen werden stärker, ebenso unsere Müdigkeit. Bald ist Barentsburg zu sehen, aber es kommt und kommt nicht näher: vor unseren Augen die Silhouette einer einzigen dampfenden und rauchenden Fabrikanlage. Ein Frosthauch liegt über dem Bild, in das wir unbeirrt hineinfahren.

Es ist acht Uhr geworden, als wir endlich an einem russischen Schiff anlegen, hilfreiche Hände uns auf das viel höher gelegene Deck helfen. Drei Wörter Englisch von den Russen, drei Brocken Russisch von mir – bald ist der Tee in der Kajüte gebrüht; wir tischen auf, was wir mitgebracht haben: Barentsburg ist nicht mehr verschlossen.

Dennoch verläßt uns das Frösteln an diesem Morgen nicht, und es hat nicht nur mit dem Absinken der Temperatur auf 0 Grad Celsius zu tun: Barentsburg ist von seiner Anlage und Architektur her eine Mischung zwischen Kasernenkomplex und Arbeitslager. Im Zentrum des kalten Areals die Leninallee. In der Mitte eine überdimensionale granitene Leninbüste. Wer sich ihr von hinten nähert, geht einem riesigen Leninbild am unteren Ende der Allee entgegen; wer dieses Gemälde im Rücken hat, sieht den steinernen Schädel vor sich.

Die Menschen, die uns begegnen, sind freundlich oder neugierig. Keiner treibt uns fort; man bietet uns wieder Brot und Tee an. Als das Wetter schlechter wird, beschließen wir, abzufahren. Lange wird uns nachgewunken, wie in Ny-Alesund. Aber als wir am späten Nachmittag wieder Longyearbyen erreichen, jenen Ort, den wir zuerst so trist und technisch fanden, kommt regelrecht Heimatgefühl in uns auf.

An diesen beiden Orten kann man, wie in einem Laborversuch, studieren, was offene und geschlossene Gesellschaften für urbane Konsequenzen haben. Bis in das Baumaterial der Häuser, in die Farben und Formen der Gemeinschaftsanlagen geht der radikale Unterschied.

Der politische Alltag Europas hat uns mitten im nördlichsten Naturparadies des Kontinents eingeholt. Wir müssen ausschlafen, um diese Bilder wieder zurücktreten zu lassen, um erneut einzutauchen in das Licht im Land der kalten Küsten, an denen keine Bäume und Sträucher wachsen, aber Eisbäume zwischen den Sturzschutthalden der Sandstein-, Granit- und Schieferformationen, die sich zu gewaltigen Bauwerken erheben – von den «gotischen Kathedralen» des Nordens hat Alfred Andersch gesprochen.

Inseln haben wir betreten und Gletscher bestiegen, Steine gesammelt und in diesem baumlosen Land ein kleines Wunder erlebt: Blätter, schwarz oder rostrot, winzige Nadeln oder groß wie das Laub von Linden. Wir haben es aufgehoben und mitgenommen, das Stein-Laub von Svalbard, das vor Millionen Jahren auf die Erde fiel, verschwand, um nun von *unseren* Augen und Händen *berührt* zu werden.

**Franz-Josef-Land
Das Gestade der Vergessenheit**

> «Das Wesen der Dinge ereignet sich
> an den Rändern des Nichts.»
> Antoine de Saint-Exupéry

> «Die Natur trägt immer die Farben
> des Geistes.»
> Ralph Waldo Emerson

I

Alles Träumen verweist auf ein Ziel. Erreichen wir es, begründet es einen neuen, stärkeren, Traum, der im Grunde der einzige ist: auf das einzige hin. So träumen wir uns – in Kreisen, von Pol zu Pol – aus den inneren Räumen in ihre äußere Entsprechung und umgekehrt.

Was wir suchen in dieser Bewegung, wird nie geklärt, aber als Suche erfaßt, die einer Pflicht folgt, in der wir uns gerettet wissen. Was wir finden – hinter all den Bildern aus Wind, Sand, Gestein, aus Eis, Schnee und den jeweils anbrandenden Meeren – ist ein blendendes Licht, zu dem chaotische Dunkelheiten ebenso gehören wie metallene Helle, Eisnebel durchschneidende Strahlen wie glutpressende Himmel, bis der glühende Streifen erlischt und Nacht herrscht: an keine Zeit gebunden oder an eine, die Zeit hat.

Dieses Licht, das alles, worauf es fällt, beherrscht und durchdringt, selbst wenn es versinkt, ist die anziehendste Maske des Todes, die wir je zu Gesicht bekommen. Es brennt dasjenige in uns aus, was sich als Leben geriert, um uns mit der einzigen Asche zu füllen, der wir entkommen können. Phönix, sagt der Mythos. Heute belächelt oder *verwußt*. Wo wir doch längst wieder ahnen müßten, kristallklar und sandkornfein, daß er exakt bezeichnet, was Roger Caillois die «Geburt der unausweichlichen Gestaltung» genannt hat.

Ihr Prinzip: Der goldene Falke mit dem Reiherkopf, der den Urhügel des Weltenbeginns berührt und wieder verläßt, um in großen Zyklen – also regelmäßig – zurückzukehren: brennend, verbrennend, schließlich ein aschener Leib, der sich von diesem fragilsten Punkt seiner Existenz aus, die sich für eine Spanne das Bild von Nicht-Existenz leistet, erneuert erhebt.

Ein scheinbar grundloser Aufstieg aus tiefstem Ab-Grund: in Wirklichkeit nichts weniger als *das* Gesetz. «Erst die Sprache der Phantasie – so scheint es – trifft die Wirklichkeit, welche sich jeder Erforschbarkeit entzieht.» (Karl Jaspers)

II

Alles ist Asche, weil alles Licht ist. Und vice versa. Diesem Gesetz entgegengehen, heißt, sich zugleich der «absoluten Ordnung der Dinge» (Ralph Waldo Emerson) stellen.

Aber wie?

Und erst recht: Wo?

Unsere Zeit hat die Erde vermessen; die letzten weißen Flecken – ein synoptisches Lesen alter Karten mit gegenwärtigen visualisiert den historischen Prozeß zeichenhaft schnell – wurden schon lange geschwärzt und benannt. Aber sie hat sie auch, glaubte sie bislang unbeschwert, in einem anderen Sinne vermessen: zu Ende durchschaut, ihr Wesen entzaubert.

Doch mittlerweile dämmert es, daß solches Vermessen seiner dritten, kritischen Bedeutung krisenhaft nahekommt: die Hybris belegend, die uns – als Wissenschaft getarnt – treibt, das Sein in Griff und Begriff zu bekommen; es auf Formeln und damit Funktionen zu reduzieren.

Gewiß, wir müssen – als Teil dieses Seins – sein wie wir sind, um sein zu können. Und zu diesem So-Sein gehört, gleichsam elementar, der Griff nach Begriffen. Doch die Richtung solchen Be-Greifens darf nicht zur Hin-Richtung des Begriffenen werden, das allenfalls – selbst in der exaktesten Ein-Ordnung und plausibelsten Aus-Nutzung – ein Berührtes sein darf.

III

Um solches Berühren geht es. Denn alles Berühren ist ein Verweilen in den Eilmärschen des Lebens, das ohne solch zeitanhaltende Nähe nicht sein könnte. Dies widerspricht nicht dem Grundgesetz

der Physis, nach dem sich im Wandel zwar
alles verwandelt, aber nichts verbraucht. Es entspricht ihm.

«Die Achsen künftigen Verstehens werden sinnlich sein»; es geht um das «Programm einer Umstellung auf ein sinnlich signiertes Welt- und Selbstverständnis» schlechthin (Wolfgang Welsch). Aber wie leben wir solche Programme, wenn wir ihnen anhängen, weil wir der Abhängigkeiten unserer vermessenen Zeit müde sind, die sich rastlos gebärdet, utilitaristisch, effizient, funktional: aufsteigend, vorwärtstreibend, pausenlos selbst noch in den bezweckten Pausen – und so totalitär Lebendigkeit simulierend, wo doch nur Bewegungswahn herrscht, der sich lebendigen Leibes zu Tode bewegt.

Dagegen wird *was* gesetzt?

Ein Ort der Stille? Ein Ort, an dem diese Stille auch hörbar wird? Hörbar im Branden des Ozeans und Säuseln des Windes über vereisten Klippen, bevor er ein Sturm wird? Oder hörbar in der Sprache der Vögel, die diesen Raum durchfliegen, bevor sie ihn verlassen? Um wiederzukehren.
In welcher Gestalt?

Müssen wir weit reisen, um solchen Ort zu erreichen? Oder müssen wir nur weit genug reisen, um ihn auch in der Nähe zu finden? Und ist solch ein Wiederfinden der Stille, wo immer und wenn es gelingt, nicht zugleich ihr *Wiedererfinden* und alles dessen, was ihr Klang-Gestalt verleiht?

Wer solche Fragen stellt, arbeitet – schon im Stellen – an einer Antwort, die sich dem Leben endlich wieder als dem zu nähern versucht, was es ist: ein «unbegreifliches Geheimnis».

Chargaff hat in einem seiner Essays an dieses Wort Hegels erinnert, der jenes Geheimnis in der «Allgegenwart des Einfachen» sah, das sich in «vielfacher Äußerlichkeit» zeige.

Gewiß, manchmal müssen wir weit reisen, um nahe zu kommen: Uns und seinem Sein im Sein, das uns umgibt, aus dem wir sind.

Orte, die uns diese einfache Wahrheit des Wirklichen wieder erfahrbar werden lassen, gibt es immer noch viele. Orte, an denen wir «statt zu begreifen ... zu einer Vertrautheit mit der Wirklichkeit (kommen), die wir wohl als ⟨Verständnis⟩ bezeichnen können» (Hans-Peter Dürr).

Einer von ihnen liegt dort, wo die Erde sich dem nördlichen Pol entgegenwölbt, wo sie Bilder entwirft, in die man gehen kann, um da zu sein: ohne Rück-Sicht und Vor-Sicht, losgelöst von allem, was Sein lediglich simuliert: Hier *ist* es wirklich. Hier trifft jede Berührung den letzten Grund.

Von ihm soll nun erzählt werden, und damit: Von uns.

IV

Franz-Josef-Land. Der Name des Landes, das ein Archipel ist, steht, dies ist gewiß, in scharfem Kontrast zur Himmelsrichtung, der wir folgen müssen, um es zu erreichen. Dem Zeitgenossen jedenfalls ist er fremd bis zur Absurdität; er glaubt es, hört er ihn und auch noch als Ziel genannt, südlicher denn je und liegt damit so falsch wie richtig: Seine Entdecker gehörten dem österreichisch-ungarischen Vielvölkerreich des 19. Jahrhunderts an. Als sie am 30. August des Jahres 1873, in 79° 43′ nördlicher Breite und 59° 33′ östlicher Länge, Gefangene einer über einjährigen Irrdrift im Schleppnetz nordpolaren Packeises oberhalb der gewaltigen russischen Doppelinsel Nowaja Semlja, an einem scheinbar beliebigen Tag aus grauem Licht und eisern fesselndem Eis einen Riß erblickten, einen riesigen Riß im bislang undurchdringlichen Himmelsgewölbe aus Nebel und Sturm und Nacht, aus schneidendem Licht und weltabgewandter Stille – da wurden sie *gewahr,* worum ihr Träumen – bei Tag und bei Nacht – gekreist hatte: ein Land jenseits menschlichen Wissens, aber diesseits der Phantasie. Einer Phantasie, die von Gestalten und Gestaltungen weiß, lange bevor sie auf der Höhe der jeweiligen Vermessens-Stufe der Zeit vermessen, berechnet und – Detail für Detail – eingeordnet werden.

Auf alten Karten, die in jener Stunde die gültigen waren, trug das Gesichtete noch einen anderen Namen: Gillis- oder Gilesland. Die *reine* Vermutung. Die Benennung bezog sich auf Spuren und Spekulationen vergangener Zeiten, die nicht wußten, wo Grönland endet und Svalbard beginnt; sie umriß eine Ahnung aus Lust, Traum und Ziel-Schmerz. Sie erhörte dieses Ziel, weil es nach Berührung schrie: mit unüberhörbarem Schweigen. Es war, wenn wir so wollen, das unüberhörbare Schweigen eines «Gestades der Vergessenheit».

Auf noch älteren Karten war aber nicht einmal die Idee zu ihm vorhanden. Doch die weißen Flecken auf ihnen warfen in einigen Menschenhirnen unruhig flackernde Schatten, denen sie folgten: unbeirrbar und zweifelnd zugleich; ausgeliefert dem uralt vermeldeten Gesang der Sirenen, aber keineswegs ihre Opfer, selbst wenn sie irgendwo strandeten, den Tod fanden und ihre Leiber am Ende das Skelettfeld auf der Insel jener göttlichen Wesen, die zwischen Himmel und Hades ihren Seins-Ort haben, bereicherten.

Exkurs ins Zentrum: Wie sehr der Mensch um etwas Un-Bekanntes, Nie-Gesehenes, wissen und es *gewahr* werden kann – nicht in mystisch-ekstatischer Phantasmagorie, sondern im Sinne eines poetischen Erkenntnis-Paradigmas – Hölderlin schreibt: «Wer das Tiefste gedacht, liebt das Lebendigste» –, darauf verweist, mit geradezu ungeheurer Präzision, dieser scheinbar so ungefähre Name, der zugleich der Titel eines Gemäldes ist: «Das Gestade der Vergessenheit».

Er individualisiert ein Bild, das im Jahre 1889 das Licht der Öffentlichkeit erblickte. Geschaffen von dem deutschen Maler Eugen Bracht, zeigt es Klippen und vereisten Strand einer Insel, die nördlich aller Menschenstimmen liegt.

Ein Todes-Gelände, gewiß; aber *der* Ort, den der Maler schaute, um etwas anderes, Wesentliches, wiederzuerkennen, das ihm verlorengegangen war: einen Menschen.

Eugen Bracht hat dieses Bild, sein berühmtestes, nach dem Tode seiner Frau geschaffen, und – mit Hilfe von Briefen und Tagebüchern ist es zu rekonstruieren – er hat dieses nördlich-eisige Gestade, das «Gestade der Vergessenheit», zusammengesetzt aus geradezu entgegengesetzten Teilen: aus Fragmenten südlicher Küsten- und Gebirgsprofile, die er auf mehreren Reisen durch mediterranes Gelände und den Sinai skizziert hatte.

Brachts Bild nun ist das Bild der Insel Wilczek, die am südöstlichen Rande des Franz-Josef-Landes liegt.

Dabei hat er, dies ist sicher und wiederholt, die Insel, die er malte, nie gesehen. Es ist nicht einmal bezeugt, was theoretisch möglich gewesen wäre, daß Bracht um jene österreichisch-ungarischen Entdecker Payer und Weyprecht, die ihm ja Zeitgenossen waren, gewußt hat. Und selbst wenn ihm der voluminöse Expeditionsbericht Payers, 1876 in Wien erschienen, bekannt gewesen sein sollte: Die vielen Zeichnungen darin zeigen jedenfalls nichts von dem, was er malte.

Aber er malte es.

Das Bild wurde noch im Entstehungsjahr mit der «Großen Goldenen Staatsmedaille» im Rahmen der «61. Ausstellung der Königlichen Akademie der Künste» zu Berlin gewürdigt und avancierte in kürzester Zeit zum populärsten Farbdruck seit Arnold Böcklins «Toteninsel» von 1880.

Jürgen Ritter und mir kam Brachts Bild erst über einhundert Jahre später, im Herbst 1992, unter die Augen – nachdem wir zuvor, im August 1991, das von Bracht nicht gesehene, aber geschaute Vor-Bild gesehen hatten: während unserer ersten gemeinsamen Reise nach Franz-Josef-Land, der im selben Monat des darauffolgenden Jahres die zweite folgte, die dritte schließlich im August 1993.

V

Der Erkenntnis-Satz lautet: Das unbekannte Gesehene wiedererkennen als das Wahrgenommene. Oder: Das Begriffene als Berührtes – ein methodisches Ideal.

Natürlich: Wenn wir *so* reden von einem Erreichbaren, in der Sprache des Unerreichbaren, begeben wir uns in den Wider-Spruch zu uns selbst. Aber exakt darauf kommt es an. Denn wenn wir solch Wider-Sprechen nicht wiedererlernen, enden wir in der Sprache der Rechner mit ihren Zahlenkolonnen, Statistiken, Bilanzen und Diagrammen, die in der Aufzählung dessen, was zu *haben* ist, was baren Verlust oder Gewinn ausmacht, das Bleibende unterschlagen, das ein Seiendes ist: *unverwertbarer* Wert, Sinn-Bild der eigenen Anwesenheit: dort und darüber hinaus.

Der historischen Entdeckungs-Geschichte entspricht deshalb immer jene, an die wir uns selbst zu erinnern vermögen. Es handelt sich um vergleichbare Berührungs-Ebenen, wenngleich sich die technischen Annäherungsweisen im Laufe der Zeit natürlich unterscheiden. Allein: lediglich in unserem wissenden Bewußtsein, nicht in unserem sinnlichen, dem der *aisthesis,* das die historische Entdeckungs-Geschichte in eine aisthetische perpetuiert: mit jedem *eigenen* Augen-Blick auf das wieder zu Entdeckende, der die Kraft beseelt, die ihn beseelt.

Unsere eigene Entdeckungs-Geschichte des Archipels Franz-Josef-Land währt nun schon über zwei Jahre. Sie begann mit einer Vor-Berührung, die eine hautnahe Fern-Berührung war: im Jahre 1989, als wir erstmals Spitzbergen betraten oder Svalbard, das Land der kalten Küsten.

Im Gepäck hatten wir Bücher, die andere eigene Entdeckungs-Geschichten verzeichneten: den Spitzbergen-Essay «Hohe Breitengrade» von Alfred Andersch, Ernst Jüngers Spitzbergen-Tagebuch von 1964 oder Christoph Ransmayers Roman «Die Schrecken des Eises und der Finsternis» über den fiktiven Polar-Sehnsüchtigen Josef Mazzini aus Italien, den der Autor auf die Spuren jener italienischen Landsleute setzt, die ein reichliches Jahrhundert zuvor dem böhmischen Offizier und Militärtopographen Julius Payer und dem (Österreich-Ungarns Kaiser und König dienenden) Schiffsleutnant Karl Weyprecht aus Hessen ins nordöstliche weiße Nichts der damals bekannten Erde folgten.

Während sie alle, bis auf den Schiffsmaschinisten Otto Krisch, die jahrelange Traum-(Tor-)Tour überlebten und letztendlich heil und erfolgreich, mit neuem Land im Gepäck, nach Hause zurückkehrten, auch wenn ihr hochmodernes Schiff, die «Admiral Tegethoff», im Eismeer versank, verschwindet Ransmayers Held unserer Tage in den Schneewüsten Spitzbergens für immer: Franz-Josef-Land, das unerreichbare Traum-Ziel, vor den geschlossenen offenen Augen.

Der wichtigste Text im Gepäck aber war der Bericht der ersten Entdecker: Ein Sammelband mit Auszügen aus Tagebüchern «deutschsprachiger Forscher» über «Grönland, Spitzbergen und andere Inseln der Arktis zwischen 1760 und 1912» fachte die Leidenschaft an, sich über die östlichen Küsten Spitzbergens fast wie in Trance hinauszudenken: im Kieleis der «Tegethoff» und ihrer Besatzung.

Aber was Ransmayers Romangestalt scheitern läßt und noch 1989 im Sinne des Wortes auch uns *begrenzt,* ist nicht so sehr die kalte Wildnis jener Gebiete, in denen all die wirklichen, wahren und wirklich wahren Entdeckungs-Geschichten spie-

len, sondern die scheinbar dauerhafte politische
Vereisung: Der ersehnte Archipel gehört zu Rußland, das bis 1991 noch Sowjetunion heißt. Er ist
Teil eines riesigen Sperrgebietes; allenfalls betret-
bar für Militärs oder ausgewählte Forscher östlicher Länder.

Daß westliche Satelliten längst genauesten Ein-
und Überblick haben, was die geographische
Gestalt und die militärpolitische Bedeutung des
Archipels betrifft, ändert daran nichts.

Doch im Frühjahr des magischen Jahres 1991
verspricht eine kleine Zeitungsnotiz das Ende der
von Menschen bewirkten Vereisung zwischen
Svalbard und Franz-Josef-Land.

Die norddeutsche POLAR Schiffahrts-Consulting
hat Kontakt zu einem russischen maritimen Wis-
senschaftsinstitut aufgenommen und eines ihrer
Forschungsschiffe gechartert, die im Arktishafen
Murmansk – einem zwischen gigantischem
Schrottplatz und Science-fiction-Basis changieren-
dem atomar-maritimen Militärzentrum auf der
Kolahalbinsel – liegen: Auch sie im Sog des zer-
fallenden Imperiums, das weder finanzielle Kraft
noch administrativen Willen hat, Forschungs-
betrieb und sicherheitspolitische Isolationsdoktrin
weiterhin aufrechtzuerhalten.

Dies ist sozusagen die welthistorische Voraussetzung für die Wiederentdeckung des Franz-
Josef-Landes durch unsere eigene, *ureigene* Ent-
decker-Lust.

VI

Am 10. August 1991 landen wir – per Flugzeug von Hamburg über Helsinki und St. Petersburg kommend – am späten Abend in Murmansk. Die Besatzung der «Professor Molchanow», ein 1982 in Finnland gebautes, 2200 BRT großes Spezialschiff für Forschungsaufgaben in polaren Breitengraden, erwartet uns schon.

Mit uns beziehen ihre Kabinen holländische Naturschützer, deutsche Arktis-Enthusiasten, die auch schon Grönland und Spitzbergen besucht haben, sowie ein Glaziologe aus Österreich: Heinz Slupetzky kann es in dieser Stunde eigentlich immer noch nicht fassen, daß das ganz und gar Unwahrscheinliche *wirklich* wahr werden soll: Er wird sie sehen, die unverwechselbaren Gletscherkappen des Franz-Josef-Landes – wie Payer sie beschrieb und zeichnete, wie Nansen sie rühmte. Konvexe Eislinsen über dunklen Basaltplateaus und -massiven, die nur wenige Küsten und Kaps freigeben. Ein eisig herrschendes Sanftheits-Profil, das sich gravierend von dem Spitzbergens unterscheidet. Allenfalls in den schwer zugänglichen nordöstlichen Teilen – auslaufend und überleitend in die äußerst schüttere geologische Verbindungslinie Kvitöya und Victoria-Insel (1898 entdeckt) – nähert sich Svalbard den Konturen des Nachbararchipels an.

Über die Landschaft jedenfalls, der wir endlich am nächsten Morgen um neun Uhr entgegenzufahren beginnen – wir schreiben Sonntag, den 11. August 1991 –, über diese Landschaft hat kein anderer als Julius Payer den entscheidenden Satz gesagt, der keinen im unklaren läßt, der sie zu berühren versucht: «Nur das Franz-Josefs-Land zeigt den vollen Ernst der hocharktischen Natur.»

Gewiß, wir werden dieser Natur nicht annähernd so ausgeliefert sein wie Payer, Weyprecht, Nansen, Jackson und ihre Gefährten. Aber der Maßstab, der sich hinter Payers Satz verbirgt – begründet in seinem Vergleichen-Können mit Grönland- und Spitzbergen-Erfahrungen –, er zwingt uns in eine Genauigkeit des Beobachtens und Erspürens, die uns radikal mit einbezieht in das alle Sinne umfassende Berührungs-Geschehen. Wir können sie nicht lediglich instrumentell einsetzen, sondern erfahren sie in ihrer existentiellen Gründlichkeit.

Es gibt jedenfalls auch heute noch keinen Anlaß, leichtsinnig die Küsten des Traums, der Ziel wird, zu betreten. Es gibt vielmehr allen Grund, in «sympathischer Wechselbeziehung» den magischen Kreis zu durchschreiten, der sich in weiten Teilen als *reine* Natur zeigt, die über jene Distanz der Würde verfügt, aus der sich eine Würde der Distanz ergibt, die den so Zurück-Gehaltenen in eine Demuts-Figur geleitet, deren Wesen *seinsversöhnende* Nähe ist.

Aber noch liegen knapp 800 Seemeilen zwischen unserem Forschungsschiff, das nun den mit abgewrackten und schußbereiten Kriegsschiffen vollgestopften Kolafjord in Richtung Norden verläßt: unter einer Sonne, die während der gesamten Reise nicht mehr untergehen wird und dafür sorgt, daß die Lufttemperatur zwischen den felsigen Ufern des Fjords immerhin auf dreizehn Grad ansteigt.

Einen Tag später, in den bleigrauen Weiten des von riesigen Nebelfeldern bedeckten Meeres, das Barents-See heißt, weisen die Thermometer noch etwas über sechs Grad aus, um wenige Stunden weiter nördlich langsam, aber sicher auf vier Grad Celsius zu fallen.

Fortan bleibt die Temperatur darunter, und an einem der folgenden Tage geraten wir gar in Minusbereiche, was zwar nicht dramatisch ist, aber gerade deshalb leicht unterschätzt werden kann. Denn wir fahren durch nichts anderes als durch einen endlosen Kühl-Raum, der seine in ebenso endlosen Zeit-Spannen gespeicherte Kälte unentwegt von allen Seiten und Ebenen abstrahlt.

Die Sonne aber, die ihre Kraft vierundzwanzig Stunden am Tag verströmt, richtet dagegen nur in wenigen Winkeln und Nischen etwas aus und auf. Ihre Hauptleistung im arktischen Sommer besteht darin, daß die Packeisgrenze im wesentlichen hinter den 80. Breitengrad zurückgeht: Wir passieren nichts anderes als ein kompromißloses Grenzgebiet der Elemente.

VII

In der Nacht vom 13. zum 14. August 1991 schließlich kündet sich an, was wir fortan «unseren 30. August» nennen werden – in Bezug auf jenen Tag vor 118 Jahren, an dem die Mitglieder der Expedition von Payer und Weyprecht erstmals – wie in einer Phantasmagorie – Teile des später Franz-Josef-Land genannten Archipels zu Gesicht bekamen:

«Es war um die Mittagszeit, da wir über die Bordwand gelehnt, in die flüchtigen Nebel starrten, durch welche dann und wann Sonnenlicht brach, als eine vorüberziehende Dunstwand plötzlich rauhe Felszüge in Nordwest enthüllte, die sich binnen wenigen Minuten zu dem Anblick eines strahlenden Alpenlandes entwickelten! Im ersten Moment standen wir alle gebannt und voll Unglauben da; dann brachen wir, hingerissen von der unverscheuchbaren Wahrhaftigkeit unseres Glückes, in den stürmischen Jubelruf aus: ‹Land, Land, endlich Land!› Keine Kranken gab es mehr am Schiffe; im Nu hatte sich die Nachricht der Entdeckung verbreitet. Alles war auf Deck geeilt, um sich mit eigenen Augen Gewißheit darüber zu verschaffen, daß wir ein unentreißbares Resultat unserer Expedition vor uns hatten. Zwar nicht durch unser eigenes Hinzuthun, sondern nur durch die glückliche Lage unserer Scholle, und wie im Traum hatten wir es gewonnen; immerhin aber schien die Möglichkeit gegeben, daß es uns gegönnt sein werde, Größe und Beschaffenheit dieses wie durch einen Zauber aus der Eiswüste emportauchenden Landes durch eigene Anstrengung kennen zu lernen.»

Zweiundzwanzig Jahre später, am 24. Juli 1895, ruft ein anderer Mensch angesichts des Archipels: «Land, Land!», um dann in einem langen Reisebericht das poetische Innenleben dieses prosaischen Ausrufs festzuhalten:

«Wie lange hat es in unseren Träumen gespukt, dieses Land, und nun kommt es wie eine Vision, wie ein Feenland! Schneeweiß wölbt es sich über dem Horizont wie ferne Wolken, von denen man fürchtet, daß sie im nächsten Augenblick verschwinden könnten. Das Wunderbarste aber ist, daß wir das Land während der ganzen Zeit gesehen haben, ohne es zu wissen. Ich habe es vom ‹Sehnsuchtslager› aus mehreremal studiert, in dem Glauben, daß es Gletscher seien, bin aber stehts zu dem Schlusse gekommen, daß es nur Wolken sind, weil ich niemals einen dunklen Punkt entdecken konnte. Außerdem schien es seine Form zu wechseln, was meiner Meinung nach dem Nebel zugeschrieben werden muß, der stets darüber lagerte; es kam aber mit seiner merkwürdig regelmäßigen Wölbung immer an derselben Stelle wieder ... Als ich gestern Vormittag einmal eine Strecke vorauf war, bestieg Johansen einen Hügel, um über das Eis Ausschau zu halten. Er bemerkte einen seltsamen schwarzen Streifen über dem

Horizont, hielt ihn aber, wie er sagte, für eine Wolke, und ich dachte nicht weiter daran. Als ich aber eine Weile später ebenfalls einen Hügel erstieg, um das Eis zu überschauen, bemerkte ich denselben schwarzen Streifen; er lief vom Horizont schräg hinauf in etwas, das ich für eine weiße Wolkenbank hielt. Je länger ich die Bank und den Streifen ansah, desto verdächtiger kamen sie mir vor, bis ich mich veranlaßt fand, das Fernrohr zu holen. Kaum hatte ich dasselbe auf den schwarzen Streifen gerichtet, als mir plötzlich einfiel, daß das Land sein müsse, das nicht einmal weit entfernt sein könne. Es war ein großer Gletscher, aus welchem schwarze Felsen emporragten. Nicht lange nachher überzeugte sich auch Johansen mit dem Glase, daß wir wirklich Land vor uns hätten. Eine ausgelassene Freude erfüllte uns beide. Dann sah ich eine ähnliche gewölbte weiße Linie ein wenig weiter östlich. Dieselbe war jedoch zum größten Theile mit weißem Nebel bedeckt, in welchem sie nur schwach zu unterscheiden war, und wechselte beständig die Form. Bald darauf jedoch kam sie vollständig heraus; sie war beträchtlich größer und höher als die erste, jedoch war kein schwarzer Flecken darauf zu sehen. So also sah das Land aus, zu dem wir jetzt gekommen waren!»

Autor dieses Berichts, in dem sich die zitierte Sequenz findet, ist der norwegische Polarforscher Fridtjof Nansen, der zu diesem Zeitpunkt einen fast zweijährigen Aufenthalt im Eis des Nordpolarmeers hinter sich hat. Zusammen mit seinem Gefährten Johansen hatte er knapp vier Monate zuvor sein Schiff, die «Frahm», das seit September 1894 nordwestlich der Neusibirischen Inseln in der Packeisdrift festsitzt, verlassen, um – ein Boot im Schlepptau – den Pol zu erreichen, was nicht gelingt. Kurz über dem 86. Breitengrad brechen die beiden Forscher ihren Vorstoß ab und bewegen sich von nun an in südwestlicher Richtung, um Spitzbergen zu erreichen.

Aber dazwischen liegt das erst vor einem knappen Vierteljahrhundert entdeckte und kaum erforschte Franz-Josef-Land, das nun von Nansen und Johansen sozusagen aus nördlicher Richtung noch einmal entdeckt wird: Am 24. Juli 1895 erblicken sie es zwar; doch erst am 6. August kommen sie dem nordöstlichsten Teil, der Eva-Insel, nahe. Ein Name, den Nansen ihr zu Ehren seiner Frau gibt, um schließlich die ganze Gruppe von menschenleeren und menschenfernen Eilanden «Weißes Land» zu taufen.

Mit fast traumwandlerischer Sicherheit, die gewiß nicht in Widerspruch steht zu der von Nansen immer wieder bekundeten Unsicherheit, die rettende Richtung in Auge und Sinn zu behalten, stoßen die beiden Gefährten zunächst nach Westen, dann nach Südwesten vor und berühren so – Stück für Stück und von August 1895 bis Mai 1896 im Winterquartier auf der Frederick-Jackson-

Insel verharrend – die Westseite der vielgliedrigen Inselkette zwischen Austria-Sund und Britischem Kanal, wie die beiden vertikalen geologischen Furchen zwischen den Landsegmenten und Bruchstücken des Archipels später genannt werden, um endlich am 17. Juni 1896 Kap Flora auf Northbrook, den südwestlichsten Punkt Franz-Josef-Lands, zu erreichen. Dort treffen sie, zu ihrer größten Überraschung und Freude, auf Menschen: auf das Winterquartier des britischen Polarforschers Jackson und seiner Mitarbeiter aus verschiedenen Staaten Europas.

Am 7. August verlassen Nansen und Johansen an Bord der «Windward», dem englischen Versorgungsschiff der Expedition, Jackson, Kap Flora und damit Franz-Josef-Land: Fünfundneunzig Jahre später ist uns das Glück beschieden, diesen Raum aus umgekehrter Richtung erstmals zu berühren ...

VIII

Schon am 13. August 1991, gegen 22 Uhr, hatten wir den 79. Breitengrad überquert, waren die dauernden Nebelfelder auf einmal verschwunden. Eine letzte Verhüllung hatte sich urplötzlich aufgelöst und zurückgezogen: Weit-Sicht herrschte.

Aber der Raum, der sich uns so öffnete, verfügte noch über genügend Zeit-Tiefe, die den unruhigen Blick zwang, sich zu sensibilisieren: Jeder schneeweiße, türkisene oder dunkel eingefärbte

Eis-Solitär, der sich am Horizont zeigte (und schon zuvor auf dem Radarschirm Licht-Gestalt angenommen hatte – eine auf den Kopf gestellte An-Deutung sich über das Muster der Friktion ausbreitender harmonischer Ordnungs-Zusammenhänge und symmetrischer Beziehungs-Strukturen –), erinnerte uns an den *eigentlichen* Kern unseres Ziels: wir selbst.

Es waren Metaphern gemeinsamer Ver-Einsamung, entstanden aus der Kraft eines in der wirklichen Tiefe unaufbrechbaren Grundes, der gebar und verstieß – Stück für Stück, aus demselben Stoff, in unwiederholbarer Eigen-Art, auf dem Weg aus dem Nichts in das Nichts.

Eine endlose Prozession vergehender Gestalten. Und darüber die entscheidende Bedingung: das Licht der Sonne. Aber dann – im zeitbrechenden Raum dieser Klarheit, Weite und lichtgehärteten See: Franz-Josef-Land.

Wir schreiben den 14. August 1991. Es ist ein Uhr früh: Mit jeder zusätzlichen Annäherungs-Welle erweitert sich das Fragment zum Panorama. Es beginnt im Nordwesten mit der erstarrten Brandungslinie des Eises, dem Eisblink, und setzt sich fort mit schwarzen Kaps und dunklen Plateaus des Prinz-Georg-Landes, die ihre Mächtigkeit ein wenig einbüßen durch die gewaltigen Gletscherverbindungen zwischen ihnen: eine Art Kette aus weißem Gold, darin eingelassen eine Fülle unterschiedlich prächtiger Onyxsteine.

Die Felsen von Bell, Mabel, Bruce und Northbrook schließlich führen den Blick über eine imaginäre Mitte nach Osten. Sie alle tragen im unteren Drittel ihrer dunklen Massive hellgraue Wolkenbänder, die die mit dunkelstem Grund verbundenen Stein-Gestalten über das Wasser heben und so – für einen Augen-Blick jedenfalls – alles zum Schweben bringen.

Kein Zweifel, dies war ein anderer Planet, und ihn wollten wir nun betreten: nicht eroberungssüchtig, sehnsüchtig schon. In Erwartung jener traumhaften Berührung, von der wir ahnten, daß sie zum zurückverweisenden Spiegel einer unbezweifelbaren An-Wesenheit unserer Sehnsucht vor Ort werden würde.

IX

Gegen vier Uhr früh fuhr uns das Boot, von umsichtigen russischen Bootsleuten geführt, in schnellem Tempo an den Eissaum der Küste von Bell. Die kleine Insel liegt im Fadenkreuz von 80° nördlicher Breite und 49° östlicher Länge; ein Splitter im über sechzig Eilande zählenden Archipel, der an den Rändern in östlicher und westlicher Richtung allerdings ganz andere Formate aufzuweisen hat, wenngleich auch die großen und größten Inseln Franz-Josef-Lands spielerisch klein aussehen im Verhältnis zu den horizontal und vertikal gewaltigen Flächen Spitzbergens. Doch was besagt das wirklich?

Handnah über dem – was *uns* meint – tödlich kalten Wasser des Eismeers, verändern sich Perspektive und Blick radikal. Was von der Brücke der «Professor Molchanow» aus wie ein sanfter Geröll-Saum mit Reifrand erschien, erwies sich, im Augen-Blick der Berührung, als ein dermaßen ausgedehntes Terrassen-Profil aus Eiskante und Gesteinstrümmerflächen – entstanden durch Gletschertod, Landauftrieb und Erosion –, daß unsere Körper sich wie Ameisen auf den Treppen einer gewaltigen Kathedrale bewegten. Zugleich jedoch hatten wir tatsächlich das Gefühl zu *schweben*, obwohl Kleidung, Schuhe und Ausrüstung ständig zu Boden zogen.

Dieses Schwebe-Gefühl nährte sich nicht nur aus der Euphorie der Stunde; auch Erinnerungen an jene weltbekannten Mondlandungs-Bilder vom früheren Morgen des 21. Juli 1969, die zwei grotesk verpackte Menschen zeigen – die amerikanischen Astronauten Armstrong und Aldrin – steigen auf. Wie sie Freudensprünge machten: auf einem Boden aus fahlem Staub und kalten Gesteinstrümmern. Wenngleich *dieses* Schweben über den Dingen nicht nur Sinnen-Rausch, sondern vor allem günstige physikalische Bedingungen zur Voraussetzung hatte.

Aber was bei uns, auch bei uns, so leichtfüßig begann, endete sehr bald und mit schwerem Atem. Denn vom Schiff her ertönten, keine halbe Stunde nach der Landung auf Bell, Hornsignale, und gleich darauf stiegen Leuchtkugeln in den glasklaren arktischen Himmel, die von den russischen Bootsleuten – sie hatten sich in einem weit auseinandergezogenen Kordon um uns herum postiert – erwidert wurden: Gefahr! hieß das.

Und: Abbruch der ersten Exkursion, unverzüglicher Rückmarsch zum Boot am Eisrand der Insel, Abfahrt zum Schiff.

Was war geschehen?

Während wir ahnungslos letzte erste Photographien auf den Stufen zu Bells arktischem Illusions-Theater mit seiner perfekten Vulkan-Kulisse aus dem am Ostrand der Insel liegenden Rest-Kap und einer darüber gelagerten, vom speziellen Wärme-Milieu des Kap-Plateaus stimulierten und zugleich gebannten (Rauch-)Wolke machten, rundgeschliffene Steine mit schwarzen, weißen, gelben oder rostroten Krustenflechten verstauten, buttergelben Polarmohn bewunderten oder die ausgeblichenen Holzwände einer mit glasigem Eis fast ausgefüllten Hütte längst gegangener Forscher und Jäger in Augenschein nahmen, einen offenbar besiegten künstlichen Überlebens-Raum – noch während wir all dies taten, befanden wir uns – einer von unserem Willen vollkommen unabhängigen Logik ausgeliefert – schon auf dem Rückzug.

Das war geschehen.

Die russischen Bootsleute jedenfalls machten derartig ernste Gesichter, daß keiner von uns aufkommende Gedanken an einen Scherz oder eine

Übung lange am Leben ließ, denn sehr schnell wurde klar und über Sprechfunk erhärtet: Ein Tier kam uns entgegen, unberechenbar und neugierig zugleich – ein Eisbär, den wir – auch wegen des unübersichtlichen Gelände-Profils – natürlich nicht erblickt hatten.

Von der Brücke der «Professor Molchanow» aus aber war er entdeckt worden: Wie er sich in den dunklen Klippen herumtrieb, ein gelblich-weißes Natur-Wesen, das im vertrauten Spiel-Raum urplötzlich die Richtung änderte und, von keiner Barriere gehindert oder Fremdem erschreckt, direkt auf uns zu kam.

Da unsere Begleiter keine Gewehre trugen, sondern nur mit Signalpistolen ausgerüstet waren, gab es zum schnellen Rückzug keine Alternative.

Weil wir die Gefahr nicht sahen, doch um sie wußten und deshalb liefen – stolpernd, unsicher, desorientiert und ungläubig zugleich –, kamen wir uns für einen Moment irgendwie lächerlich vor, und alter Herrschaftswille stieg in uns auf. Doch dieser wich im Laufe der kurzen Fahrt mit dem altmodischen Holz-Motorboot durch die mit eisigen Moore-Skulpturen ausgefüllte Südwestbucht von Bell jenem Gedanken von der Würde der Distanz, der uns fortan nicht mehr verließ.

Es war dabei kein als Beeinträchtigung empfundener Gedanke; es war vielmehr der klare Hinweis darauf, daß uns nicht alles gehört. Und daß dies *Sinn* macht.

Es liegt dabei nahe, solche Erkenntnis nur als eine aus der Not geborene Tugend zu werten; aber diese notwendige Tugend nimmt der Berührungs-Idee das rein Theoretische, unterwirft die gute Absicht einer unmittelbaren Prüfung: Wollen wir das, was wir vorgeben zu wollen, wirklich im Sinne einer heilsamen Wirkung, als Verhaltens-Tendenz im *anhaltenden* Sinne des Wortes? Oder haben wir uns nur eine moralisch höher legitimierte Ideologie des Reisens geschaffen?

Es ist keine Koketterie im Spiel, sich dieser Frage zu stellen; denn auch wir sind zunächst geprägt von den banalen Ausflüssen und zerstörerischen Platitüden einer hochgestimmten mentalen Eroberungslust, die die Natur angreift, um sie zu beherrschen, zu besitzen, abzuhaken – was bis zu einem gewissen Grade, der ein Grad des Gewissens werden muß, zwar überlebensnotwendig für uns ist, aber – bei permanenter und irreversibler Überschreitung dieses Grades – in den Sinnen-Tod führt, der das Wesen des Menschen in der Tiefe irreparabel beschädigt.

Wir nahmen sie jedenfalls in ihrer ganzen Frag-*Würdigkeit* an, diese Situation, die sich mit ein, zwei Gewehren im Anschlag «natürlich» ganz anders gestaltet hätte.

Kurz nach fünf Uhr waren wir wieder an Bord.

Der Wind wehte mit einer Geschwindigkeit von 5,3 Meilen pro Sekunde, die Lufttemperatur lag bei 2,1 Grad Celsius, auch das Wasser hielt zwei Grad

Wärme – falls man das so nennen kann –, und unser Schiff nahm Kurs nach Norden.

Wir wollen den Nachtigall-Sund passieren und von dort in den Britischen Kanal vorstoßen, die westliche meridionale Furche des Archipels und Pendant zum östlichen Austria-Sund. Beide Wege erlauben, je nach Eislage, das Durchfahren des Franz-Josef-Lands in Nord-Süd-Richtung und umgekehrt.

X

Nach sechsstündigem Schlaf in der abgedunkelten Kabine stehen wir gegen Mittag erneut an der Reeling: Ein Zauber-Kreis umgibt uns. Seine Segmente gleiten an uns vorüber: Bell, Mabel, Bruce und Northbrook, Prinz-Georg-Land. Wir durchschneiden ihn, ohne ihn zu verletzen.

Der Wind ist stärker geworden, das Schiff langsamer. Die blaugraue Wolkendecke reißt auf: Sonnendurchbrüche und mit ihnen ein schier unbegrenztes Durchschauen des Raumes, das uns von nun an nicht mehr blind sein läßt. Die Augen saugen sich durch lichtvertiefte Eis- und Felspassagen. Gletscher reflektieren dieses Licht noch intensiver, wenn ringsherum Wolkenbänke liegen, die es filtern, bündeln, lenken und schärfen.

Wir gleiten durch die *verlangsamte Zeit,* und niemals zuvor ist uns der sinnliche Sinn der Schöpfungs-Geschichte, wie wir sie im Alten Testament finden, offenbarer geworden als hier:

«Am Anfang schuf Gott Himmel und Erde. Und die Erde war wüst und leer, und es war finster auf der Tiefe; und der Geist Gottes schwebte auf dem Wasser.» Exegeten übersetzen das Verbum noch präziser mit «vibrieren», «zittern», «weben», was das «Chaosmeer» erfülle.

Diese eisknisternde Spannung – ein elementares Ur-Geräusch –, diese Licht- und Gesteinsbrüche über den Wassern des Anfangs – dies alles war sicht- und hörbar zu *ahnen* beim Durchgleiten der Sunde und Kanäle zwischen den großen und kleinen Inseln des Archipels. Nichts weniger jedenfalls, und keine Zahl, keine naturwissenschaftliche Formel oder Analyse konnte *dem Ganzen* etwas nehmen.

Im Gegenteil: Aus der Formel wurde die Form, und aus der Form die Gestalt. Das Sein selbst gewann Kontur um Kontur, und unser österreichischer Freund, der Glaziologe, entwickelte angesichts dessen, was wir ununterbrochen kommen und gehen sahen, was auftauchte und wieder verschwand, aus der vibrierenden Verdopplung des Wasser-und-Himmels-Grundes und den konvexen Bögen dazwischen eine Art Philosophie der Gletscherkappen, die er nun – wie wir alle – zum ersten Mal mit *eigenen* Augen sah: Das Auftauchen des Form-Vollendeten im chaotischen Prozeß endloser Formung als Parallel-Ereignis. Anders gesagt: Was wir sahen, war die Sinn stiftende Nuance der Grenze im Grenzenlosen.

Aber bald hatten wir eine weitere Linie erreicht: die Eisbarriere auf der Mitte zwischen 80. und 81. Breitengrad. Die Weiterfahrt in Richtung Markham-Sund war versperrt. Das Ziel – die Forschungsstation «Krenkel» auf Hayes im Austria-Sund – von hier aus nicht zu erreichen. Zwar wirkte die Eisbarriere – nur mit bloßem Auge besehen – geschlossen; im Fernglas löste sich das Phänomen, bedingt durch die Erdkrümmung, in eine skurril perforierte Linie auf; aber dahinter stauten sich – von nordöstlichen Winden getrieben – Treibeisfelder, für die unser Schiff nicht gemacht war. Wir mußten umkehren. Auch gelang uns kein Anlanden auf Hooker, obwohl wir der berühmten «Stillen Bucht» sehr nahe waren.

Am 27. Juli 1931 machte Dr. Hugo Eckener, der deutsche Luftfahrtpionier, mit seinem Zeppelin hier Station, und einer der Forschungsreisenden, zu denen auch der russische Wissenschaftler und Erfinder Pawel A. Molchanow gehörte, notierte angesichts der Landschaft unter dem Luftschiff, was wir 61 Jahre später, während unserer zweiten Reise nach Franz-Josef-Land, an dieser Stelle ebenfalls wahrnehmen sollten: «Wenig Eis bei Einfahrt zur Hookerinsel. In den Wasserarmen und Buchten liegen goldene Farben, Felsen und Eis nehmen sie für Augenblicke auf, um im nächsten Augenblick wieder bleich und farblos zu verglühen. Lichte Himmelsbänder stehen im Westen über der Einöde.»

Am 18. August 1992 schrieb ich in mein Tagebuch: «Die ‹Stille Bucht› ist, wenn es um offenbare Schönheit geht, der bisherige Höhepunkt unserer Reise. Sowohl die Gesamtanlage als auch die Details – alles zeigt sich nur prächtig. Die Sonne hilft nach, gewiß. Aber sie trifft auf objektive Voraussetzungen – sie kann nur verschönen, was ohnehin schön oder gewaltig oder bizarr oder farbenprächtig oder alles zusammen ist ... Aber dann die engere Bucht mit ihren Gletscherkanten, denen die Sonne mit ihrem fast gewaltvollen Licht immer neue Farben und Profile abringt. Sie zwingt der eisigen Schönheit ringsum geradezu klassische Lieblichkeit auf, und wir ahnen zu diesem Zeitpunkt noch nicht einmal, daß das Ganze steigerungsfähig ist.»

Doch das ist an dieser Stelle ein Vorgriff auf die zweite Begegnung mit Franz-Josef-Land, die im August 1992 stattfand, und dieses Buch wird gedruckt, während wir uns ein drittes Mal in die skizzierten Buchten und Sunde, Felsen- und Eislabyrinthe begeben – in den grandiosen Zauber-Kreis nördlich des 80. Breitengrades, zwei Tagesreisen hinter Svalbard, zu dem unvermutet mediterrane Spiegelungen ebenso gehören wie Hades-Entwürfe, in denen Szenen des 34. Gesanges aus Dantes «Göttlicher Kömodie» spielen könnten, wo erstarrte Gestalten aus Eisflächen ragen und Schatten wie Glassplitter den abgründigen Raum ausfüllen.

XI

Unsere erste Reise nach Franz-Josef-Land führte uns schließlich am 15. August 1991 auch vor den breiten Strand und die niedrige Küste der Wilczek-Insel im Südosten des Archipels.

Ganz in der Nähe, vor der winzigen Lütke-Insel, hatte einst die «Admiral Tegethoff» in der Eisdrift verharren müssen und mit ihr Payer, Weyprecht und Gefährten, die bis zu jenem legendären 30. August 1873 das schrittnahe Land vor lauter Nebel und Wolken nicht sahen, weil es sich zudem – bis auf wenige Kaps und Küsten – unter weißen Eiskappen verbarg: Gletscher, die sehr oft, wie wir selber erleben konnten, ununterscheidbar in Himmelsgrau übergingen und umgekehrt.

Auf Wilczek liegt das Grab von Otto Krisch, des einzigen Toten der österreichisch-ungarischen Nordpolarexpedition, und das Kreuz darüber ragt nun seit fast 120 Jahren in den arktischen Himmel, der zwischen Oktober und Februar ein vollkommen sonnenlichtloser ist. Payer nennt den Platz in seinem Bericht einen Ort «unentweihbarer Einsamkeit», und der Stich in seinem Buch, der den Begräbnis-Akt festhält, zeigt zugleich, da der Maschinist Krisch am 16. März 1874 starb, ein wüstes, bis ans Plateau hinauf zugeschneites und vereistes Inselgelände.

Wir sahen es an einem fast lieblichen Sommertag, der die rostroten Kaps in ihrer sanften Plastizität vorstellte, einen Strand mit schwarzen Kieseln und Eisfragmenten zum Glitzern und Funkeln brachte und uns faustgroße Steine finden ließ, die von exakt jenen Frost-Mustern gezeichnet waren, die auch ganze Hänge, Kaps und Plateaus überzogen hatten.

Ein sich wiederholendes Friktions-Bild, das noch im Zerfalls-Prozeß Formen hervorbringt, die mit der Schönheit kristalliner Symmetrien korrespondieren, auch wenn der Stoff der steinernen Netze auf seiner absoluten Dunkelheit besteht.

Auf Wilczek fanden wir Zeit, die Dinge des Landes wirklich zu berühren, uns wirklich berühren zu lassen von den Dingen des Landes, das wir bislang überwiegend mit den Augen ertastet hatten. Nun fühlten wir Gräser, Quarze, Gestein, Blumen, Holz, Schnee und die Reste menschlicher Behausungen.

Wir hörten Schmelzbäche rauschen, Vogelgeschrei und die Stimme des Windes, wenn er über die Plateaus des Archipels fegt. Im Alteis des vergangenen Winters entdeckten wir den Kadaver eines jungen Eisbären, am Brutplatz mächtiger Möwen Knochenstücke von Wirbeltieren.

Aus den unvertrauten Bildern wurden in wenigen Stunden vertraute Metaphern, und irgendwann lagen wir in unserer schweren Polarkleidung wie entspannte Sonnenhungrige am schwarzen Strand von Wilczek und hörten, dem Sein ergeben, das in Ur-Tiefen geborene Geräusch des arktischen Ozeans.

Könnte man hier leben? fragten wir uns, obwohl wir doch gleichzeitig wußten, daß ein einziger Blick nach rechts oder links über die Inselgrenzen hinaus Antwort gab, die jede Wiederholung der Frage eigentlich verbot. Doch wir fragten uns wieder und wieder, spielten Modelle durch, Konstellationen.

Die was bewiesen? Unsere Flucht-Bereitschaft oder Seins-Sehnsucht?

Wenn nicht alles täuscht, geht es um das Ernstnehmen dieser Sehnsucht, die dem Scheinbaren unseres Lebens *grundsätzlich* widerspricht, ohne es grundsätzlich aufheben zu können. Martin Heidegger hat in einem Brief an Karl Jaspers aus dem Jahr 1949 die Richtung solchen Nach-Denkens in eine Art Seins-Treue zugespitzt: «Man soll nicht über Einsamkeit reden. Aber sie bleibt die einzige Ortschaft, an der Denkende und Dichtende nach menschlichem Vermögen dem Sein beistehen.»

Aber um keiner Legende Vorschub zu leisten: Schon zwei Tage nach diesen ambivalenten Stunden auf Wilczek, die das Grabkreuz von Krisch aus verschiedenen Perspektiven sahen und interpretierten –, nach dem vergeblichen Versuch, eine weitere Eisbarriere zu durchbrechen, diesmal im Austria-Sund, um die Forschungsstation «Krenkel» auf Hayes zu erreichen –, nach dem Eintauchen in den Aberdare-Kanal zwischen McClintock und Brady, der ersten Vorbeifahrt an der geheimnisvollen Alger-Insel und dem erfolgreichen

Durchdringen des östlichen Teils des Markham-Sunds –, nach all dem erreichten wir den *Ort des Menschen* in diesem Zauber-Kreis, und es war ein *Ort der Katastrophe*.

Noch sowjetisch signiert, trug er die Folgen russischer Gleichgültigkeits-Tradition unübersehbar zur Schau: Ein ersichtlich sinnloser Versuch, Sinn zu organisieren – mit der Konsequenz brutal betäubter Sinne: durch Zerfall, Fäulnis, Gift, Schrott, paralysierende Isolation und Vereinsamung in geistiger Hinsicht.

Über das eisgerahmte Menschen-Elend, zur Groteske verstärkt durch die Namen umgebender Inseln wie «Wiener Neustadt», «Erzherzog Rainer» oder «Kronprinz-Rudolf-Land», gilt es dennoch nicht zu zürnen oder zu lachen – zu herzlich kam der einzelne dem einzelnen in dieser ansonsten menschenfernen Wüste entgegen. Und auch ein Teil der Gäste hatte ein Stück von jenem Menschen-Elend im Gepäck, das sich selbst durch höheren Wohlstand offenbar nur sehr selten in geistigen Reichtum umschmelzen läßt.

Und so feiert man – die einen, die anderen und alle zusammen – wie daheim: in Rußland, Deutschland, Holland, Österreich. Es wird gegessen, getrunken, gesungen, gelacht, geschossen, geflucht und geprügelt.

Ein Kettenfahrzeug rasselt und rast mit skeptischen Gästen im Innern und johlenden Stationsbewohnern auf dem einbrechenden Dach über zerfurchte und verschlammte Pisten zwischen dem Ort der Feier, einer bizarr-bezaubernden Gletscherbucht, und der Siedlung im ewigen Eis, die wie eine Wagenburg über dem Gelände thront. Der große Rest der Gesellschaft bleibt mit einem museumsreifen LKW im Schlamm der Piste stecken und wird von trunkenen Experten immer tiefer in den Dreck getrieben.

Es sind gewiß unschuldige Menschen, die in diesem Moment das Bild bestimmen, in dem auch wir ein Stück weit zu sehen sind; aber es ist zugleich das Bild des schuldigen Menschen, der nicht wissen will, daß er weiß, was er tut.

Als wir Hayes um drei Uhr morgens verlassen, herrscht wieder die große Stille der Tage zuvor. Klar fällt das Licht auf den Insel-Kreis um die Station, und in fast vollkommener Verdoppelung liegt unnahbar majestätisch «Wiener Neustadt» vor uns. Das Thermometer zeigt ein Grad Celsius an.

Später durchbricht das Schiff die geschlossene Eisdecke. Es gibt Geräusche, als fahre in unserer Nähe ein uralter Zug auf noch älteren Schienen. Gegen 10 Uhr 30 verlieren wir mit den dunklen Basaltkanten von McClintock unaufhaltsam den Archipel aus den Augen.

Franz-Josef-Land liegt nun hinter uns, versunken im Reich wachsender Entfernung; vor uns aber breitet sich erneut das Reich der Barents-See aus, deren dunkle Wasser schon bald wieder unter dichten Nebeln verschwinden.

Knapp 24 Stunden Stille folgen, Blicke über die endlose See, die hin und wieder blitzartig die Rückenflossen von Walen freigibt oder springende Fischschwärme, nach Süden ziehende Vogelvölker. Versuche, dem Gesehenen und Berührten zu glauben, daß es existiert.

Versuche, in der unaufhaltsamen Ab-Kehr die Rückkehr zu denken: jenen Ziel-Schmerz zu bewahren, der den beglückenden Kern unseres Träumens umgibt.

XII

In diese Stille bricht der Morgen des 19. August mit der Nachricht vom Umsturz in Moskau. Über den Bordlautsprecher ertönt in unregelmäßigen Abständen die tödliche Legitimationslitanei der Putschisten. Die «Professor Molchanow» aber behält Kurs auf Murmansk.

Franz-Josef-Land ist nun in einem anderen Meer versunken, und in dieser Stunde ist nicht absehbar, ob es nicht erneut für eine lange Zeit darin versunken bleiben wird.

Franz-Josef-Land

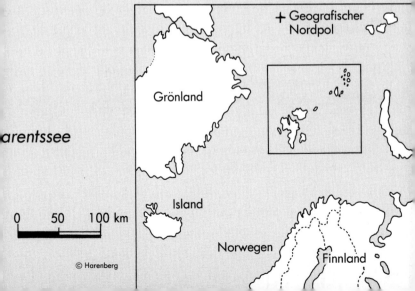

Literatur

Historische Berichte

Grümm, Gerhard: Nördlich von Europa. Reisen deutschsprachiger Forscher nach Grönland, Spitzbergen und anderen Inseln der Arktis. Berlin 1989

Nansen, Fridtjof: In Nacht und Eis. Neue revidierte Ausgabe (2 Bde). Leipzig 1898

Payer, Julius: Die österreichisch-ungarische Nordpolar-Expedition in den Jahren 1872-1874. Wien 1878

Zeitgenössische Literatur

Andersch, Alfred: Hohe Breitengrade. Zürich 1984

Gallei, K./Hermsdorf, G.: Im Banne der Arktis. Mit dem Kajak an der Westküste Spitzbergens. Stuttgart 1988

Ritter, Christiane: Eine Frau erlebt die Polarnacht. Berlin 1978

Sachbücher

Gjaerevoll, O./Roenning, O.: Svalbardblumen. Trondheim 1989

Hirdal, Virdal: Geography of Svalbard. Oslo 1985

Reinke-Kunze, Christine: Aufbruch in die weiße Wildnis. Die Geschichte der deutschen Polarforschung. Hamburg 1992

Umbreit, Andreas: Spitzbergen-Handbuch. Kiel 1989

Worsley, D./Aga, O.: The Geological History of Svalbard. Stavanger 1986

Die Autoren

Jürgen Ritter, 1949 in Uelzen/Niedersachsen geboren, veröffentlicht seine Fotografien seit 1980 in Büchern, Tageszeitungen, Illustrierten und Anthologien.

Ulrich Schacht, 1951 in Stollberg/Sachsen geboren, wurde 1976 in die Bundesrepublik entlassen, nachdem er zuvor wegen «staatsfeindlicher Hetze» verurteilt und knapp vier Jahre inhaftiert worden war. Er wirkt als Schriftsteller und Journalist in Hamburg und leitet seit 1987 das Ressort Kulturpolitik der «Welt am Sonntag». Ulrich Schacht publizierte bereits mehrere Bücher und Gedichtbände.

Die Autoren danken Herrn Dr. Michael Otto, Otto Versand Hamburg, und der Firma Globetrotter Ausrüstungen Denart & Lechhart GmbH, Hamburg, herzlich für die Unterstützung ihrer künstlerischen Arbeit auf Franz-Josef-Land.

Von Jürgen Ritter und Ulrich Schacht liegt in der Reihe «Die bibliophilen Taschenbücher» bereits der Band 638 vor: Archipel des Lichts. Leben auf den Färöer-Inseln.

Harenberg Edition
Die bibliophilen Taschenbücher 683
© Harenberg Kommunikation, Dortmund 1993
Alle Rechte vorbehalten
Gesamtherstellung Druckerei Hitzegrad, Dortmund
Printed in Germany

Das Werk einschließlich aller seiner Teile ist urheberrechtlich geschützt.
Jede Verwertung außerhalb der engen Grenzen des Urheberrechtsgesetzes
ist ohne Zustimmung des Verlags unzulässig und strafbar.
Das gilt insbesondere für Vervielfältigungen, Übersetzungen, Mikroverfilmungen
und die Einspeicherung und Verarbeitung in elektronischen Systemen.